Hochgelehrter Dr. Mustapha BenHamza

Der legitime Umgang mit nicht - Muslimen

Übersetzt: Von seinem Schüler - Slimi EL Houari

Herstellung und Verlag:
BoD – Books on Demand, Norderstedt
ISBN: 978-3-7494-0975-4

Inhaltsverzeichnis

Ängstliche Illusion vor dem Islam

Die jetzige Welt hat in Richtung einer großen Öffnung des zunehmenden Islams begonnen. Im Grunde entsteht sie durch eine freie direkte Verbindung. Sie nutzt die freie Verbindung der Technologie und der Vermittlung der Informationsübertragung, so das der Mensch mit Leichtigkeit in einen freien Wissenszustand eintritt, der begrenzt ist auf sein Wissen und sein Licht. Alle Entscheidungen, Ideen und religiösen Überzeugungen befreien ihn von der Beherrschung des Buches, von seinem Ideenfluss.

Die laufende Verursachung und die letzten Kriege, sind Teile der islamischen Welt. Dies ist eine starke Triebkraft um den Islam besser zu verstehen. Besondere Einblicke ergeben sich somit, schließen aber andere Interpretationen aus.
Die Abenteuerlust der Künstler, die Scherze und die Habgier sich zu zeigen und die leichtsinnige Art mancher Politiker, die auf Kosten des Islams bekannt werden, um ihn schlecht zu machen.
Diese sind mit der stabilen muslimischen Realität zusammengestoßen, sodass der Islam immer noch seine starke Anwesenheit in ihrem Herzen und Verständnis trägt.
Dies sind die wichtigsten Faktoren, welche den

Bereich zum Islam öffnen, damit er in alle Richtungen starten kann. Er hat ein verschleißtes Prinzip beim modernen Menschen, der nicht sein stabilisiertes und gesamtheitliches Leben genießt. Trotz seiner technischen Entwicklungen. Dies alles ereignete sich über die Kontakte mit der westlichen Kultur und dem neuen Gedankenstrom, als Nebenwirkung. Er macht die Führer der westlichen Parteien, welche Angst vor der Verbreitung dieser Religion haben und versuchen, dass durch die Medien eine Verfälschung des Islams stattfindet. Bis ein Mensch, einen Ekel gegen diese Religion aufbaut und gemischte Gefühle von Verachtung und fremdem Denken und seine Überheblichkeit gegenüber allem Fremden hat. Außerdem entsteht ein Hass gegen jeden Ankömmling, besonders wenn es etwas mit dem Islam zu tun hat. Daraufhin produziert der Mensch ein neues Weltprojekt, welches Islamophobie genannt wird, bis man acht auf die Zivilisten und großmütigen vom kommenden Islam nimmt!

Dieses Projekt nutzt die Unklarheit einiger Personen aus. In der Gegenwart der islamischen Position von allgemeinen Sachen kommt eine Ausbeutung zustande, ohne eine islamische Beratung aus einer verlässlichen islamischen Quelle. Es findet außerdem eine Ausbeutung seiner historischen Herbeirufung statt, welche aus einem

Zusammenstoß des islamischen Volks und anderen Ländern im Mittelalter hervorgerufen wurde. Die Kriege waren nur politische Charakterisierungen, mehr nicht. Dies bestätigt ein Rückgang des Islams aus dem persischen und römischen Kaiserreiches, sodass damals die Anwesenheit frühere Fremde islamische Gegenwart einen großen Rand zu der Entscheidung, mit Menschen nicht islamischen Glaubens umzugehen, gemäß des islamischen Ursprungs. Wir haben gedacht, dass die Belästigung des Islams ein Benehmen der historischen Zeit ist. Sie beschreibt, dass es Zeit zum Kennenlernen war und ein Zusammenkommen mit der Zivilisation stattfindet. Jedoch haben die ängstlichen Gerüchte zu dem jetzigen Islam geführt. Es bestätigt , einen historischen Groll gegen diese Religion, sodass die Schrift, Kultur, Redaktionen, Vorträge, islamische politische Position und kunstreiche Ausführungen voller Spott beschrieben werden und für eine Verfälschung des islamischen Bildes sorgen. Dies hat uns die Macht gegeben über so etwas zu schreiben.

Koranposition bei Menschen nicht islamischen Glaubens

Unterschiedliche und verschiedenartige Positionen berechnen seinen himmlischen und verfassenden Glaubenssatz. Auch berechnet er ihre Fantasie über Religionen oder ihre philosophische Existenz und Gesellschaft, mit keiner Religion. Die islamische Position von all diesen, ist ein anhaltender Punkt menschlicher Begrenzung, welcher auf einer menschlichen Unterbrechungslinie geregelt ist. Erstens für das Zusammenleben und den Umgang mit Toleranz und vor allem startet all dies aus einem Koranvers: „Und wahrlich, wir haben die Kinder Adams geehrt..." (Sura Israa, Vers 70)

Nachdem startet ein Auseinanderleben zwischen religiösem im allgemeinen beschreiben und nicht religiösem, egal was für eine Einstellung er hat.
Durch koranisches Begreifen: „Leidet ihr, so leiden sie gerade so, wie ihr leidet. Doch ihr erhoffet von Allah, was sie nicht erhoffen." (Sura Nisaa, Vers 104)
Daraufhin geht er zu einem religiösen und einem Atheisten, um den Unterschied zwischen den beiden,
mit einem verständlichen Beweis auf

Monotheismus.

So wird der Koran von den Menschen der Religion, Kultur und Ideen anerkannt, sowie er für seine Bilder, Formen, Farben und Sprache angesehen wird. Außerdem enthält er einen Unterschied der Sinneskräfte und Verstand und auf diese Weise lehnt der Mensch ihn auf eine bestimmte Art ab, oder auf ein Einzelgewebe.

"Und hätte dein Herr es gewollt, so hätten alle, die es gesamt auf der Erde sind geglaubt. Willst du also die Menschen dazu zwingen, Gläubige zu werden?" (Sura Jonas, Vers 99) Und in einem anderen Koran-Vers steht: "Und hätte dein Herr es gewollt, so hätte Er die Menschen alle zu einer einzigen Gemeinde gemacht, doch sie wollten nicht davon ablassen, uneins zu sein. Ausgenommen davon sind jene, derer dein Herr sich erbarmt, und dazu hat Er sie erschaffen." (Sura Al-Hud, Vers 118-119)

Diese Verse und die Anderen, lassen sich im muslimischen Verstand nieder. Sie werden von ihm angenommen und öffnen ihm neue Bereiche und einen Raum für sich, um seine Religion zu erkennen, ohne von anderen in der Existenz und Gesellschaft beeinflusst zu werden.

Von Andeutungen des Korans, welche angesehen sind und von dem muslimischen Bild über die

Anderen.

Allah, sagt im Koran in der Sura Al-Baqara, eine Geschichte über den Propheten Abraham, der zu Allah gebetet hat, dass er Mekka zur Sicherheits- und Glaubensstätte des Islams macht. Er solle sie für seine Angehörigen vorhanden sein lassen, damit Stabilität und Fortbestehen, nach der Beendigung des Zimmers da bleiben. Sowie Allah, der Erschaffer und Ernährer allen eine Wohltat erweist, egal ob gläubig oder ungläubig, sodass er sein Lebensgrund nicht verliert und seine Lebensangelegenheit für ungläubige ohne gläubige, mit der Betrachtung, dass die Vergeltung am jüngsten Tag kommt: "Mein Herr, mach dies zu einem sicheren Ort und gib Früchte den dort Wohnenden, wer von ihnen an Allah und jüngsten Tag glaubt," sagte Er:"Auch den, der ungläubig ist, werde Ich für kurze Zeit versorgen, als dann ihn ausliefern der Bestrafung des Feuers; und welch ein schlechtes Los ist das!" (Sura Al-Baqara, Vers 126) Nachdem, der Koran eine Zuständigkeit für eine große Sphäre erreicht hat, da er die Entstehung der Geschichte der himmlischen Religionen beinhaltet. Was sie behindert hat, ist der Verrat mancher Leute. Dies bestätigt mancher, der Gerechtigkeit und Billigkeit.

"Wer jedoch seiner Verpflichtung nachkommt und gottesfürchtig ist-siehe, Allah liebt die

Gottesfürchtigen"(Sura Al Imran , Vers 75) So wie ein Zeichen von Unrecht mancher dieser Leute gegenüber dem Propheten und die Anderen spüren eine Verpflichtung zu seiner Religion und seinem Vertrauen. In der gleichen Sura (Vers 144)"Keiner wird sterben ohne Allahs Erlaubnis; (den dies geschieht) gemäß einer zeitlichen Vorherbestimmung. Und dem, der den Lohn der Welt begehrt, geben Wir davon, und dem, der den Lohn des Jenseits begehrt, geben Wir davon; wahrlich, Wir werden die Dankbaren belohnen" , von dieser zum Beispiel eine Menschenmenge dem Papst angehört und den Nonnen, die treu geblieben sind und schon der Führung von Jesus folge geleistet haben. In (Sura Al-Ma'ida, Vers 83)"Und weshalb sollten wir nicht an Allah glauben und an die Wahrheit, die zu uns

gekommen ist, wo wir innig wünschen, daß unser Herr uns zu den Rechtschaffenen zählen möge?" Mit der Rücksicht, dass dieses Benehmen in vielen Völkern zu seinen Gunsten und schlecht sein würde. Hinsichtlich seines Gespräches über ehemalige Prophetie, welche die Angehörigen der himmlischen Religionen alle obligatorisch mit Glaube an alle Propheten und Abgesandten mehr als einmal, mit der Rücksicht, dass die wichtigsten Grundlagen richtiger Glaube sind. In (Sura Al Baqara, Vers 284)"Der Gesandte glaubt an das, was ihm von seinem Herrn herabgesandt worden ist, ebenso die Gläubigen; sie alle glauben an Allah und an Seine Engel und an Seine Bücher und an seine Gesandten. Wir machen keinen Unterschied zwischen Seine Gesandten. Und Sie sagen: "Wir hören und gehorchen. Gewähre uns Deine Vergebung, unser Herr, und zu Dir ist die Heimkehr."

Der richtige islamische Glaube erfordert, dass an alle Propheten und Gesandten geglaubt wird, trotz ihrer unterschiedlichen Stufen und Grade, besonders diejenigen, welche im Koran genannt sind. Insgesamt sind es 25 Boten . Weil sie die gleiche Aussendung und Offenbarung haben, außerdem haben sie eine Bindung zu der Prophetenkette.

In der Sura Al-Baqara, Vers 136, wird gesagt: "Sprecht: Wir glauben an Allah und an das, was uns herabgesandt worden ist, und was Abraham, Ismael, Isaak, Jakob und den Stämmen (Israels) herabgesandt wurde, und was Moses und Jesus gegeben wurde, und was den Propheten von ihrem Herrn gegeben worden ist. Wir machen zwischen ihnen keinen Unterschied, und Ihm sind wir ergeben."

So wie der Koran, jede Argwohn wegstößt, dass diese Propheten schlecht sind. Mit der Bestätigung von Sündlosigkeit, beginnend bei Josef, welcher seine Reinheit, Tugendhaftigkeit und seine

Unschuld unter Beweis stellt. In der Sura Josef, Vers 42 wird gesagt: "Und er sagte zu dem von den beiden, von dem er glaubte, er würde entkommen: "Erwähne mich bei deinem Herrn." Doch Satan ließ ihn vergessen, es bei seinem Herrn zu erwähnen, (und) so blieb er noch einige Jahre im Gefängnis."

Verwehret eine schimpfliche Tat an Moses. In Sura Al-Ahzab, Vers 69 steht: "O ihr, die ihr glaubt! Seid nicht wie jene, die Moses kränkten; Allah jedoch bewies seine Unschuld in der Sache, die sie (gegen ihn) vorbrachten. Und er war ehrenwert vor Allah."

Dann nennt sie Edelmut Maria und sie zeigt ihre Würde und Treue in einem Gebet. In Sura Al-Imran, Vers 42 steht: "Und damals sprachen die Engel: "O Maria, siehe, Allah hat dich auserwählt und gereinigt und erwählt vor den Frauen der Welten."

Und Jesus Sündlosigkeit in Sura An-Nisa, Vers 15: "Und wenn einige eurer Frauen eine Hurerei begehen, dann ruft vier von euch als Zeugen gegen sie auf; bezeugen sie es, dann schließt sie in die Häuser ein, bis der Tod sie ereilt oder Allah ihnen einen Ausweg gibt."

Durch Korangespräche über das Prophetentum, lernte das islamische Volk die Propheten zu akzeptieren, sowie sie sich um das Leben, des Propheten kümmern. In einem Grad der religiösen Bedeutung der Wissenschaftler, welche all seine Reinheit bestätigt. Daher gingen Muslime sich mit ihrem Namen erheben, so erhielten sie ihren Segen. Sie versuchten ihre Leben, sich als Vorbild zu nehmen, wenn sie es konnten. Abgesehen davon lobte der Koran ihre Geduld und die Standhaltigkeit, vor dem Gesicht der Schuld, Korruption und Tyrannei. Wie in dem Korangespräch über Moses gegen den Pharao und seinen Hochmut, Arroganz und seine schuldige Zugehörigkeit seines jüdischen Volkes.

In Sura Qasas Vers 6: "Und wir gaben der Mutter von Moses ein: "Säuge ihn; und wenn du für ihn fürchtest so wirf ihn in den Fluss und fürchte dich nicht und betrübe dich nicht; denn Wir werden ihn dir wiedergeben und ihn zu einem Gesandten machen.""

Dann sprach man über Pharaos Gespräch zur Unterdrückung der Christen.

Dann wird in der Sura Burug in Vers 3 bis 7 gesagt: "Verflucht sind die Leute des Grabens, des Feuers, mit seinem Brennstoff. Wie sie daran saßen! Und sie werden das bezeugen, was sie den Gläubigen angetan haben."

Wie er mit den Römern, im Buche gegen die irdischen Religionen steht, weil er der himmlischen

15

Religion angehört, konnte er mit ihnen eine Allianz bilden über gemeinsame Sachen, welche den Menschen bewegen, sodass der Islam nicht die religiöse Konkurrenz sieht oder die Gefahr für seine Zukunft.

Mehr als das untersagt der Koran den Moslems, dass sie ungläubige beleidigen und auch die religiöse Zugehörigkeit, solange jeder stolz auf seinen Glauben ist. Sie sind stolz auf ihre Begründung der ausgezeichneten Zivilisation.

In Sura An'am Vers 108: "Und schmäht die nicht, welche sie statt Allah anrufen, sonst würden sie aus Groll ohne Wissen Allah schmähen. Also lassen Wir jedem Volke sein Tun als wohlgefällig erscheinen. Dann aber werden sie zu ihrem Herrn heimkehren; und Er wird ihnen verkünden, was sie getan haben."

Sein Ruf bringt dies alles in einen sauberen Streit, auf einem obligatorischen Gesicht, mit der Zugehörigkeit des Pergaments und des Buches, was ihn im Rang des Zivilisationsumgangs steigen lässt.

In der Sura Ankabut Vers 46 wird geschrieben: "Und streitet nicht mit dem Volk der Schrift; es sei denn auf die Aer und Weise. Ausgenommen davon sind jene, die ungerecht sind. Und sprecht: "Wir glauben an das, was zu uns her gesandt wurde und was zu euch herabgesandt wurde; und unser Gott und euer Gott ist Einer; und Ihm sind wir ergeben."

Was im Koran erwähnt wurde, bestätigten

(Studenten), über die alten Texte der Religion automatisch. Dies bezieht sich auf den Handel und die Verhaltensweise in göttlichen Texten, wie der Philosoph Barouk Isbinouza erkannte. Durch seine Botschaften in Briefen, welche theologisch und politisch geschrieben wurden, sodass sich für ihn seine kritischen Überzeugungen bestätigten, dass Bibeltexte im alten und neuen Testament eine besondere Übertragung und Überlieferung darstellen, dies lange Zeit nach Moses. Während Voltaire über die religiösen Bücher spottete. Von einer Information der Eingebung, in der Gott an geographischen Stellen ignoriert wird.

Und die Wahrheit, was die religiöse Besserungsanstalt an Aktion im Westen gemacht hat, war nur ein Schrei der Bestätigung gegen das ehemalige Einmischen von Menschen in die Bücher der himmlischen Texte.

Gleichzeitig war es eine indirekte Beschreibung der koranischen Glaubwürdigkeit, welcher schon lange ausdrückliche Beschreibungen für diese zusätzlichen, welche bereits bei vielen Wissenschaftlern, Philosophen und religiösen eine Zersplitterung im Verständnis verursacht.

Wie zum Beispiel bei dem Lehrer M. Eckhardt und Thomas Campus, Wycliff und John Hiss und dann Martin Luther besonders, so dass sie ermöglichen, dass sie diese gläubige Zerstreuung vermeiden und diesen religiösen Konflikt, wenn die Aufklärung der koranischen Leitung in die Angelegenheiten des Monotheismus geleitet wird. (Erstens) Es wird aus den besten Faktoren, welche bereits entgegenwirkend dem Islam gegenüber interpretiert werden, eine negative Auslesung zur Entstehung gebracht.

Dies ist ein Kampf, um seine Berücksichtigung, welches ein Mittel ist, um die Religiosität des Menschen übel zu bewerten. Während diese Person ein staatlicher Mensch mit militärischen Unterlagen ist, um als Sicherheit das Volkstum zu schützen. Wie jeder neu oder alte staatliche Mensch, der historischen   Geschichte.

Daher, war die islamische Position über dem Dschihad klar, seit seiner Ausströmung, besonders in seiner ersten Zeit. Zu jener Zeit war ein blockieren von Römern und Persern da, welche spionierten und militärisch vorgingen, dies taten sie in einem Grad des Umgehens der Religion. So vermittelten sie durch einen eingestellten Agent zugunsten der Römer. Als die Römer eine Moschee bauten, welche all den Propheten Moscheen auf eine gewisse Art und Weise wehtat, um die Blicke und Unterstützung der Feindseligen zu stärken, auf Kosten   der   Muslime.

Es war eine deutliche Versteigerung dessen, was Mohammed geschafft hatte, um den Islam zu bewegen und ihn auszubreiten und nicht zu zerstören und auch den Geist zusammen zu halten. Er sorgte dafür, dass kein Chaos entsteht.

Die Position des Propheten Mohammed mit Menschen nicht islamischen Glaubens

Die Aufhellung der richtigen Position des Propheten mit nicht Muslimen, wird klar durch seine fortführenden Kontakte und seinen direkte Umgang mit ihnen. Dadurch konnte sein Gespräch, seinen Kontext definieren. Entweder auf seinem richtigen Weg, metaphorisch oder es wäre ein Teil außer Kraft gesetzt oder beschränkt, oder Begutachtungen.

Aus diesem verständlichen Stil des Staates, könnten wir das wir wahrnehmen und so auch seinen Umgang mit der Vielfalt sehen. Auch können wir seinen Erfolg mit der Zivilisation zu ihres Gunsten wahrnehmen.
Als ein Teil der ersten Moslems ausgewandert ist, bevor der Prophet Mohammed, nach Habascha ausgewandert ist, schickte Koranisch (Altaraber)zwei Personen seiner Gefolgsleute los, um die Leute Mohammed aus der Habascha zu vertreiben. Die zwei versuchten Najaschi zu beeinflussen, um dieses Ziel zu erreichen.
Sein Gespräch: "Der Koran sagte über Maria und Jesus, großartige Worte, aber der König von Habascha hat das abgelehnt. Nachdem er das von Moslems gehört hat, was im Koran steht."
Aus der Beteiligung, Sündlosigkeit und Sauberkeit

von Maria und auch der Knechtschaft von Jesus Gottes und seiner Worte, welche er seiner Mutter sagte. Dies ist jenes was Jesus mitgebracht hat, dass er raus aus einer einzelnen Wandnische kommt. Danach ist er in das gut sein hin übergetreten und nicht in eine Unterdrückung, wie die Anderen behaupten, welche eine Verleumdung des Islams darstellt. Sodass, die zugehörige Bindung zum Islam als Zwang aufgezeigt wird.

Überlieferung (über den Propheten): Ich empfehle, dass ich gegen die Mensch kämpfe, bis diese an Allah und an Mohammed glauben, das Gebet führen und Zakat geben. Sobald dies gemacht wurde, wird ihr Blut und sein Geld vor Schaden bewahrt, dies auf kosten des Islams und Allah. Dazu müssen wir viele Fragen außerhalb der Texte stellen, um Licht in das Dunkle zu bringen.

1. Sterben des Propheten. Seine Kriegsklamotten gab er einem Juden, von welchem er Essen bekommen hatte. Dies gibt uns einen Hinweis auf das falsche Verstehen des Haddith. Dieser Prophet kämpft gegen jeden der nicht glaubt, besonders dieser Jude lebte

nach ihm, sodass die Sicherheit allgemein war und Moslems und nicht Muslime in einer Einheit auftraten. Sodass Unlogik entstand, bei einem Gegner?!

2. Wie konnte der Prophet gut mit nicht Muslimen

umgehen, mit einer Macht und Kampfposition. In der gleichen Zeit empfiehlt er was gutes zwischen Jude und Christ. Besonders gegenüber Betenden und Nonnen.

Im Minarett, während gegen die, die eigentlich schon die Religion schützen, welche nicht der Islam ist. Wenn er das wirklich wollen würde, dann würde er eine operative Entfernung durchführen, an jedem der verschiedene Religionen führen würde. Das erste wäre die Ausrottung der großen Gelehrten!
3. Ist das passend zu seiner Position vom Kampf, jeden anders Gläubigen mit seinem schönen Umgang (Jahoud Khaybar) aus seiner Reform und Palmen zu pflegen?! Warum schickte der Prophet Mouad nach Jemen? Um weniger Steuern einzuziehen, was ungefähr ein Dinar betrug, oder es waren Klamotten, die nicht vom Islam getragen wurden. Dies galt als Gegenleistung für den Schutz und die Sicherheit!
4. Warum gründeten sie Verträge mit nicht Muslimen, in denen stand, dass die Kirchen stehen bleiben und nicht gestochen werden.?
5. Warum erlaubt der Islam in seiner Zeit, das Islamisten auch Jüdinnen und Christinnen heiraten dürfen? Wie konnte er dies realisieren, in der Zeit, in welcher das islamische Volk mit verschiedenen Nationen zusammenlebte und unterschiedliche Religionen vorzufinden waren?

6. Warum empfiehl Mohammed (s. a. s.) den Akkbaten was gutes? Und wie fuhr er fort, die jüdische und die christliche Anwesenheit in islamischen Ländern zu intensivieren? Und wie fahren sie fort mit den Gebeten in den alten Kirchen, bis jetzt? Es sind bis zu 11000 Kirchen in einer Zeit, in der Mamoun lebte, sodass Will Durant in seinem Buch, die Geschichte der Zivilisation bestätigt und auch andere dies taten. Daraus schließt man den Schluss, des friedlichen Umgangs mit Menschen des nicht islamischen Glaubens!

7. Wie konnten die nicht Muslime über die islamisch historische Bedürfnisse entscheiden, um neue Kirchen aufzubauen. Mehr als eigene Sachen zu haben und seine wenige Anwesenheit in islamischen Häusern. Die muslimischen Herrscher sind von Mohammeds (s.a.s.) Vermächtnis beeinflusst, welches besagt mit den Mitmenschen anderen Glaubens gut umzugehen!

Assilation der Gefährten des Propheten und ihre Nachfolger, im Bereich des Umgangs mit nicht - Muslimen

Im Grunde ist der Kontakt der Muslime mit anderen Nationen, kulturell und geistig im Rahmen des Aufrufs und wissenschaftlichen Kenntnissen. Manche werden Verfahrensweise zu den großen Gefährten des Propheten. Besonders ein Teil aus islamischen Kenntnissen, wie Omar und sein Sohn, welche sich auf die islamischen Malakikenntnisse beziehen und Verfahrensweise von Abdullah Ibnou Masoud, welcher die Hanafi Konfession machte, aus welcher der Umgang mit nicht Muslimen hervortrat, weil die meisten islamischen Wissenschaftler, die Konfession zum Gefährten des Propheten, als Beweis für die Scharia nehmen.

2. Überlieferte Abu Yusuf, dass Omar ibnu Khattab, an die Türe von Leuten klopfte. Er klopfte einem alten, blinden Mann auf die Schulter und fragte: "Zu welchem religiösen Buch gehören Sie?" Er antwortete: "Ich bin Jude." "Wie bist du zu uns geflüchtet?", fragte da ibnu Khattab und er antwortete: "Wegen der Steuer, der Not und dem Alter." Khattab nahm seine Hand, ging mit ihm in seine Wohnung und beugte sich vor ihn und schickte ihn zum Schatzmeister, zu welchem er sagte: "Schau dir

diesen Mann und seinesgleichen an. Ich schwöre bei Gott, wir werden ihn in seinem Alter nicht im Stich lassen. Die Almosen für die Armen und Elenden, die Armen sind Muslime und dieser Mann ist ein elender. Seine Steuern und die der Anderen seinesgleichen werden aufgehoben." Durch diesen Text wird klar, dass Omar möglicherweise Geldausgaben für ärmere und elende Menschen getätigt hat (Christen und Juden). Er war eine starke Stütze für Sie, welche das Geld des islamischen Staats nutzen konnten.

3. Nannte Ibnu Kayim jawzija, dass Omar an seine Mitarbeiter schrieb. Er schrieb: Reiße keine Kirche, keine Synagoge und keine Feuerzimmer ab.

4. Omar Khattab bemüht sich um feste Rechte für Christen und Juden. Er legt sie fest, auf dem Niveau des Staates und schrieb dies als Beauftragung zum Frieden und Sicherheit zu Ilia und seiner Angehörigen fest. Er gibt ihnen Sicherheit und sein Geld für Kirchen, die Kranken und ihre Genesung. Keiner wohnt oder schläft in der Kirche und keine Kirche wird abgerissen. Er gibt immer das gleiche Geld und er macht auch keine Religion schlecht. Keiner wird von ihm verletzt (Worte).

5. Berichteten die Historiker, dass Ali ibnu Abi Talib

seine Kriegsklamotten verlor und diese auf einem Flohmarkt bei einem Juden fand und sagte: "Diese Klamotten sind meine, ich habe sie nicht verkauft und nicht bereit gemacht."
Der Jude sagte: "Es sind meine und ich habe sie in der Hand."
Beide gingen zu Ali's Richter Charih und Ali setzte sich neben diesen, auch der Jude saß bei Ihnen und Charih sagte: "Erzähl."
Ali antwortet: "Ja. Das sind meine Kriegsklamotten, welche er verkaufen will."
Charih antwortete: "Beweise dies."
Ali antwortete: "Ja, Conbour, Hassan und Housain bestätigen, dass es meine Kriegsklamotten sind."
Daraufhin sagte Charih: "Die Bestätigung der Söhne des Vaters sind nicht erlaubt. 3ali ist ein Mann, welcher dem Paradies angehört.
Der Jude sagte: "Mich seinem Richter zu präsentieren, welcher ihn verurteilt, bestätigt, dass es Recht ist."

6. Unmittelbar eines Wettkampfes, gewinnt der Sohn von Omar ibnu Aas nicht und schlug Koptisch und sagte zu diesem: "Ich gehöre zu den Besten."
Aber Omar fordert Omar ibnu Aas auf Vergeltung auszuüben und sagte zu Omar: "Wann habt ihr Leute versklavt und möglicherweise die Mütter frei gebähren lassen?"

Möglicherweise war dieser Inhalt von Omar's Worten, der Beginn der Menschenrechte.

7. Soufiane bnu Ayyina erzählte von Omar: "Eine christliche Frau starb, in ihrem Bauch einen muslimischen Sohn, in der Cham. Omar schlug vor, sie bei den Muslimen zu begraben, wegen ihren Sohnes."

8. Als Omar bnu Khattab eine Kirche in Palästina besuchte, lud ihn Safrinjus zum Beten ein, aber Omar lehnte dies ab, aus Angst, dass die Muslime von den Christen herausfinden könnten, dass er dort bettete.

Praktisches der Gesetzeswissenschaft des Islam mit dem Umgang mit nicht - Muslimen

Unterscheidet man die Einzelnen und die Gruppen in der islamischen Gesellschaft, sieht man wie sie sich auf eine islamische Quelle beziehen. Was er tut und was er lässt. Dafür erkundigt der Einzelne oder die Gruppe, die islamische Position im Umgang, welche auf sie zukommen.
Den günstigen Augenblick entscheidet islamisch juristisch, diese Position. Er gibt das gesetzliche annehmend wieder, für die Verwirklichung und die Realisierung und breitet sich in einem großen Raum aus.
Wegen diesem Grund, wird das forschen von mehreren gesetzlichen Beurteilungen wichtig, welche im Rahmen des muslimischen Umgangs mit nicht Muslimen angewendet werden. Denn in diesem Rahmen gibt es viele wichtige Umgangssachen mit Anderen, vom theoretischen Erlangen bis zum real werden im praktischen Umgang. Dieser überschreitet Textvermutungen und könnte auf seine vermutliche Bedeutung zugreifen. Jenes versuchte aus der Beteiligung bei Gesprächen von Rechtsgelehrten in verschiedenen Themen von Umgang mit Leuten nicht islamischen Glaubens etwas herauszuziehen. Es behandelt verschiedene Punkte.

In der politischen Identität, die nicht Muslimen

1. Wenn die nicht Muslime, das Leben in den islamischen Ländern akzeptieren, genießen sie alle Rechte und schützen ihre Dasein, sowie sie ihre Religion und Handlungen weiterhin ausführen können.

Dem Umgang gemäß, was ihre Religion bestätigt, in Sachen Heirat, Scheidung, Erbschaft und ihr Essen und Trinken.

Auf eine Art und Weise, welche durch ihre Religion erlaubt sind, aber da sie keine Muslime sind, bezahlen sie Steuern an den Staat, die eigentlich meisten weniger sind, als Sakat, welche ein Moslem bezahlt.

Doch diesen Betrag zu zahlen, wird obligatorisch, für diejenigen, die fähig sind ihn zu zahlen und Frauen, Kinder und ältere Leute, welche unfähig sind, werden befreit.

Diese Menschen haben Anspruch auf Hilfe vom islamischen Staat, wenn sie bestätigen können, dass sie auf die Art und Weise, welche Omar Khattab aufschrieb arm sind.

Sowie sie von vielen Spenden profitieren können, welche von Moslems gespendet werden.

Möglicherweise vertiefen islamische Gelehrte durch Forschungen den Betrag zu nennen, welchen der nicht Muslime zahlt.

Manch ein Wissenschaftler sagte, dass die Steuer als

Vergeltung genommen wird, welche nämlich gegenüberliegend von Schutz und Sicherheit gestellt wird. Dies bezieht sich auf sein Schutz, Geld und Dasein. Der Staat verzichtet auf Übernahme der Steuerpflicht, wenn sie nicht im Stande sind die nicht Muslime vor ihren Gegnern und Feinden zu schützen.

Es wurde gesagt, der Name der Steuer, wurde der Bedeutung von Vergeltung entnommen, dies ist Gerechtigkeit auf eine Art und Weise, welche in dem Wort verwendet wird, wie unser Gott in der Sura Baqara Vers 48 sagte: "An dem keine Seele etwas an Stelle eines Anderen übernehmen kann."

Als der Islam erschien, wurde die Steuer bei Moslems gegeben. Diese diente zum Schutz und der Beteiligung von nicht-Muslimen. Mehr nicht. Würde es diese Voraussetzung nicht geben, ginge sein Geld zurück, sowie Abi Obiyda, dies machte, als er seine Freunde benachrichtige, dass das Geld zurückgegeben wurde. Da Moslems nicht im Stande waren, gegen die Römer zu bestehen, weil sie viele waren.

Abi Obiyda schrieb an jeden Bürgermeister, dass er seinen Angehörigen Friede und Versöhnung empfiehlt, dass von ihnen Steuer und Grundsteuer genommen wurde und empfahl ihnen, dass sie das Geld von sich zurückgegeben haben, welches sie bisher eingesammelt haben und sie haben die

Voraussetzungen von sich berücksichtigt. Wir haben uns an die Voraussetzungen gehalten. Was wir zwischen uns und euch geschrieben haben, wenn Allah uns auf anderer Seite besiegt. Für diese jetzige politische Klarheit, wird Kontakt zwischen beiden Parteien vorausgesetzt. Die nicht Muslime sind schon vom Staat geschützt. Was wir in einer beglaubigten Buchquelle (Kitabou fouruk) von Karafi finden. Dort steht ein Text, in dem Klarheit und Kommentare sind. Karafi sagte: "Die Vereinbarung mit nicht Muslimen zeigt, dass sie unsere Rechte haben, weil wir Nachbarn sind und auch unsere Sicherheit genießen, weil dies zu unserer Religion, Allah und Mohammed gehört." Wenn jemand auf den Überfall mit schlechten Worten oder hinterm Rücken was sagt, heißt die er gehört nicht zu Allah und dem Islam. Möglicherweise erzählte Ibnu Hassn in seinem Buch (Maratib Ijma3) "Wenn jemand der nicht Muslime, wegen eines Krieges zu uns kommt, helfen wir ihm. Wir würden für ihn sterben, wegen des Beistands." Von der muslimischen Toleranz des islamischen Glaubens, welche nicht in allen Umständen behaart. Auch wenn die nicht Muslime abgelehnt haben Steuern zu zahlen und möglicherweise sagte Omar Abnu Khattab zu Nouman bnu Zaraa von Banu Taghlab: "Die oben genannten haben Steuern gezahlt. Nimm von den Steuern, im Namen Allahs."

Omar war beeindruckt, wie Banu Taghlab mit der Zusammenfassung einverstanden war und sich ihm anschloss. Und möglicherweise unterwarfen sich die Anderen Omar, in seinem Wissen, dass sie gegensätzlich sind. Für Omar war nicht erforderlich, dass sie deutlich wussten, dass die Steuer Pflicht ist. Es reicht, dass die Muslime ihm die Namen dessen nennen, welcher verschiedene Eingebungen hat, über welche sie vorher geredet haben.

Angenommen von Omars Position, dass nicht Muslime, Namen der Angehörigen von Zahlungsverpflichtungen ablehnten und jetzt haben sie sich selbst Bürger genannt. Es könnte dies akzeptiert werden, als Betrachtung für die politische Gemeinschaft, welche schon in einer Firma der Staat teilnehmen.

Sie ist auch eine Realitätsrelation und verneint machen Bürgern die Religion. Weil der Islam nicht vor seinem gegenüber zeigt, dass er entgegengesetzt denkt, oder das sie vertrieben werden den normalen Umständen nach.

Das was neben den Ländern, gegen Diskriminierung zwischen Bürgern gemacht wird. Im Bereich des rassistischen und religiösen, oder egal woher sie kommen. Er wird als Bürger angesehen, sodass es einen Einwand geben kann, obwohl die Mehrheit Moslems sind. Zusammenhängende Beurteilungen bei der Geldbeteiligung, werden von der Frau nicht verlangt, sagten die islamischen, juristischen Rechtsgelehrten. Die Frau zahlt keine Steuern und wenn sie diese bezahlt, müssen wir ihr bescheid geben, dass sie keine Steuern zahlen muss. Wenn sie es von sich aus macht, dann nehmen wir es als Gabe an. Vom islamischen Recht, wird nicht vorausgesetzt, diese Steuer zu zahlen bevor ihre Zeit kommt. Nur wenn sich jemand einverstanden erklärt, sie vorher zu zahlen. Wenn die Steuer für jemanden Pflicht wäre und dem Mann passiert etwas in dem Jahr, wie z.b. eine Behinderung oder er das Geld nötig haben sollte, wird die Steuer aufgehoben und wird von der Zeit in der er fähig war sie zu zahlen, zurückgegeben.

Soziales   Benehmen
Im Rahmen des guten Umgangs mit nicht Muslimen sind alle verankert. Möglicherweise haben die sozialen, juristischen Personen oft darüber gesprochen, dies gibt ein positives Bild über die islamische Welt. Dies ist einzustufen, in den sozialen   Umgang.
Wenn jemand krank ist und hilfe benötigt, kann er Besuch   von   Muslimen   annehmen.
Der Prophet Mohammed hat einen kranken Juden besucht   und   half   ihm.
Es wurde Ahmad gefragt: "Werden Verwandte und

christliche Nachbarn besucht?"
"Ja", antwortete er.
Sowie es für Moslems erlaubt ist, den Tag der Beerdigung bekannt zu geben. Ahmad wurde zu dem Thema befragt und bejahte.
Ein Moslem darf einen nicht Muslimen, mit einem netten Wort trösten: "Sei geduldig, dann wird dir etwas gutes Geschehen."
Abu Yussuf sagte: "Ich habe Aba Hanifa gefragt, was ich denn sagen kann, wenn jemand bei Juden und Christen verstirbt."
Er antwortete: "Gott hat den Tod über seine Erschaffung geschrieben und wir fragen Allah, ob was gutes auf uns zukommt. Wir sind von Allah und werden zu ihm zurückkehren. Sei geduldig, mit dem was passiert ist und passieren wird."
Mansour bnu Ibrahim, sagte daraufhin: "Wenn du einem Angehörigen des Judentums oder Christentums beileidigst, sag diesem: Allah wird dir und deinem Sohn mehr Geld schenken und ein längeres Leben schenken.Es wird nur was gutes Betreffen."
Vom menschlichen Umgang her, bestätigt die islamische Juristik im Kontakt mit nicht Muslimen, erlaubt sie Almosen an die Armen. Wie unser Prophet Mohammed, der bereits Almosen an Angehörige des Judentums gegeben hat und die Almosen sind immer gleich

geblieben.

Möglicherweise unterstützt die islamische Juristik dies mit Beweisen aus dem was Allah im Koran in der Sura al-Insan im Vers 8 sagte: "und sie geben-obwohl man sie liebt - Speise zu essen einem Armen, einer Waisen und einem Gefangenen." Und sehen die islamischen Gelehrten diesen Vers, sehen sie die Bestätigung einer Wohltätigkeit an die nicht Muslime, da die Gefangenen, welche in dem Vers genannt wurden nicht Muslime waren und in diesem Zusammenhang berichtete Abu Obiyda von Omraw bnu Mimoun und Omraw bnu Scharhabil und Mara hamadani, haben Zuckerfestalmosen an die Mönche gegeben und möglicherweise hat sich Abu Obiyda bestätigt, dass es sich dabei um Sakat fitr handelte, welches kein normales Sakat war. Von diesen Beweisen, des Umgangs von Muslimen an nicht Muslimen, was die Juristik sieht, von der Erlaubnis des Vermögens der Juden und Christen. Die Erlaubnis wurde auf die Kirche, Leute und Läufer bezogen.

Weil dieses stehen bleiben, in diesem Fall auf die Unterbrechenden zurückzuführen ist.

Bnu Koudama von Hanbilla islamischer Gelehrter sagte: "Diese Unterbrechung wird auch auf die nicht Muslime Einfluss nehmen, weil sie auch respektables Vermögen haben, welches Almosen erlaubt und wird auf der Sperrung stehen, wie die Muslime.

Es erlaubt, dass der Moslem die Sperre über einen Juden gibt, sowie die Frau Safia, Frau des Propheten Mohammed es bei ihrem jüdischen Bruder tat. Auch ein Moslems, darf dies bei einem Moslem tun.

Und dieses stehenbleiben, welches auch die Kirche und ihre Geschäfte und Häuser betrifft, ist wichtig. Für den guten Umgang, welchen der Islam bestätigt hat, dass die nicht Muslime in ihre Kirche einladen, wenn das in den Vereinbarungen, bestätigt ist. Aber die Muslime können nicht Muslime in die Städte und Dörfer einladen, auch wenn dies nicht in der Vereinbarung steht. Weil andere einzuladen, einen Tag, eine Nacht oder drei Tage, im islamischen Recht steht. Während sie Einladungen nur unter bestimmten Bedingungen aussprechen. Es wurde Ahmad gefragt: "Moslems können nicht Muslime einladen? Die Antwort an sich, als Almosen von freiwilligen an Atheisten.

Finanzielle Rechte für die nicht- Muslime
Wenn sich ein Moslem mit einem nicht Moslem verbindet, durch die Vereinbarung des Frieden und der Sicherheit seines Geldes, wird erlaubt nur auf islamischem Wege um Geld zu gewinnen und es wird kein Unterschied gemacht den Geldern von

Moslems
und nicht Moslems. Es ist Pflicht, dies zu
akzeptieren.
Kortoubi sagte: "Die nicht Muslime, mit nicht
Muslime sind gleich in ihrer Unverletzlichkeit. Die
genug Vergeltung...... und dies heißt, dass das Geld
von nicht Muslimen gleichgesetzt ist, mit dem Geld
der Moslems. Das Geld gehört zu seinem
unverletzlichen   Besitz."
Mohammad bnu Hassan sagte, in einem
bestimmten Thema gemäß seines Buches "Großer
Lebenslauf": "Dieser Vertrag ist unverletzlich für
sein Hab und Gut, sowie es bei den Muslimen ist."
Ein paar angehörige des Judentums kamen am
(Khaybar) Tag zu unserem Propheten, nachdem die
Vereibarungen beendet wurden und sagten, dass in
ihre Pferch seine Freunde fallen und nahmen
Kräuter, Hülsenfrüchte und Knoblauch mit sich.
Prophet Mohammed empfahl, dass sie Abdu
Rahmane bnu Awafa aufrufen sollten.
Der Prophet Mohammed sagte zu seinen Freunden:
"Ich erlaube euch nicht, von diesen Juden Geld zu
nehmen. Nur wenn es in der Vereinbarung steht."
Und diese Vereinbarung, welche unser Prophet
erwähnt hat, besteht mit Muslimen komplett aus
friedlichen Kontakten, mit Menschen und Ländern.
Die jetzigen Vereinbarungen sind festgebunden an
die einzelnen Muslimen in den Länder, wenn

sie ihr Visum fordern und sind obligatorisch, dieses zu bekommen. Mit Respekt zu Geld und Vermögen und jeder bürgerliche im Zivilrecht für die Menschen in dem Land, in dem sie sich aufhalten können.

Von der fürchterlichen Unwissenheit, der religiösen Rechte, kann jemand der in einem Land von nicht Muslimen lebt, dass nicht muslimische wird geschätzt und erlaubt und dies auf soviel wie der Gewinn.

Und diese Vorstellung geht weit über das hinaus, was als echter Gewinn dargestellt wird, weil er nicht ergänzt im Falle Frieden und Vereinbarung. Dies vom Gesetz des Vorbeters und es wird von niemandem in sich behandelt, wenn dies jedoch gemacht wird, heißt dies Raub und militärischer Diebstahl.

Er nannte es Koran.

Es ist ein verbotener Gewinn, mit Übereinstimmung aller islamischen Wissenschaftler. Was die islamische Juristik bestätigt, ist das nicht Muslime, wie Muslime behandelt werden in seinem Geld und seine Unverletzlichkeit und in ihrem Verhandlungsumgang, welche bereits die islamischen Bedingungen angenommen haben, sowie der Muslim auch nicht

Muslime bei sich als Mitarbeiter einstellen kann. So wie unser Prophet Mohammed jemanden bei sich beschäftigt, dessen Name Amir lautet, der ihm den Weg der Auswanderung zeigte. Es könnte auch ein Moslem bei einem nicht Muslimen arbeiten, außer in einer Arbeit, welche dem islamischen Gesetz widerspricht. Und es könnte sein, dass der Koran, über Yussuf, einen Gesandten berichtet. Der sich dem ägyptischen Pharao dargeboten hat, als ein treuer Bewahrer. Im Koran in der Sura Yūsuf Vers 55 sagte Yūsuf: "Setze mich über die Vorratskammern des Landes ein; ich bin ein kenntnisreicher Hüter." Auf diese Weise machen sich Muslime nutzbar. Aus diesem Vers kann man sehen, dass Gläubige auch bei Ungläubigen arbeiten können, nur wenn die Beschäftigung ohne Tyrannei vonstatten geht.

Die religiöse Freiheit
Der Umgang der islamischen Zivilisation, unterscheidet sich im Umgang mit Menschen nicht islamischen Glaubens, also Juden, Christen und weiteren.
Der Ort an dem sie beten, darf nicht zerstört oder vernichtet werden und dies steht bereits in den Vereinbarungen. Unter diesen steht eine Vereinbarung des Bauwesens.
Es könnte sein, dass Omar bnu Khattab für die Iliae Angehörigen eine Vereinbarung schrieb und dieser

festlegte, dass er ihnen Sicherheit auf ihre Anwesenheit, Kirche und Kreuz gibt. Genesung des Kranken und seine Gesundheit, sodass niemand in der Kirche wohnen kann. Möglicherweise forscht der islamische Jurist, in den Punkten des Aufbaus der Kirche, Synagoge und das bleiben dieser Objekte, so wie sie sind. Dies war seine Position. Die Kirchen bleiben stehen, wenn sie dies brauchen. Sie werden nicht in einer Metropole gebaut und es wird in ihnen nicht zusammen gewohnt. Aber wenn die Muslime eine große Metropole haben und diese leer ist und es dort eine Kirche und Synagoge, oder ein paar Häuser gab, werden diese in dem Land aufbewahrt, in ihrer verwurzelten Existenz, auch wenn dort viele Muslime zum wohnen hinkamen.

In Kairo standen einige Kirchen und Synagogen und die Muslime haben einen großen Zaun um sie gestellt,

in dem sie nun, in der muslimischen Stadt stehen. Die Moslems bewahren diese auf, gemäß des islamischen Bauwesensgesetzes.

Von den verbundenen Gesetzen der Kirchengemeinschaft in den islamischen Ländern, wie es islamische Gelehrte nannten, dass der Imam lieber die nicht Muslime unter Voraussetzungen stellt. Dass die Kirche auch Zimmern für islamische Gäste haben muss. Das Omar Frieden mit den

Scham Angehörigen bindet, dass sie auch am Abend in die Kirche kommen dürfen und dort schlafen können. Das auch, jemand die Tore öffnet, wenn man es sich wünscht einzutreten. Bedingungen der Einladungen sind, dass man sie zu Kontakten bringt und auch die Kommunikation über den Glauben eröffnet und dies bringt oft die Wahrheitserkenntnis.

Auch von den islamisch juristischen Gesetzen, im Thema in eine Kirche einzutreten, was die größten islamischen Gelehrten von Malakia und Hanabila und Mancher von den Schafia darf ein nicht Muslime zum Beten eintreten, ob nötig oder nicht.

Und auch der muslimische Bräutigam tritt ein, wenn seine jüdische oder christliche Frau dies von ihm fordert.

Und möglicherweise gingen Malakia davon aus, dass in der jüdischen Ehe, der Ort an dem Gebetet wird,

nämlich in der Synagoge geschworen wird und die christliche in der Kirche, sowie die Frau der (Majousi), wenn sie sich beide in der islamischen Gerechtigkeit beurteilt, werden sie im Feuerzimmer erwünscht.

Praktisch islamisch juristischer Umgang mit nicht Muslimen

Als der Islam seine begrenzte Position bei Nicht-Muslimen sah, war ihre Position herausziehend, in

Bereichen Verständnis, Kommunikation und Hilfe. Und möglicherweise, war dies natürlich für diese Position, seine Spuren und seine positive Reflexion in Bezug auf das muslimische Benehmen und seinen Umgang mit Nicht-Muslimen. Sowie es natürlich war, dass literarische und materialistische Beweise für diese Position bestätigt wurden. Dies hinterlässt den Eindruck einer persönlichen islamischen Zivilisation und sie gab ihm seine Einzel- und Besonderheiten. Und dies zeigt die Asilation der Zivilisation in der islamischen Position. Sie zitiert historische Muster von ihnen. Das der Islam in seiner Position die Toleranz, seinen Nutzen und Verhältnis zwischen Moslems und Nicht-Moslems wiedergibt und er ist verfügbar für die nicht-Muslime, um ihnen Gelegenheiten für ein gutes Leben zu geben und beschreibt seine Hobbys, Wissen und künstlichen Fähigkeiten. Sowie sie im Rahmen des Wissens und der Literatur von der Realisierung seines Beitrags bestätigt werden. Und auch die Ausführung von Denkmälern der Zivilisation war gegeben, sowie die Nützlichkeit der islamischen Position im Verhältnis zu Moslems gegeben war. Es waren auch Chancen verfügbar, dass der Islam sein Asilationsgesicht zeigen konnte. Und was diese Befähigten von nicht-Muslimen an Erfahrungen nutzen und sein Wissen im Rahmen

Naturwisschenschaften und Menschenerfahrungen. Durch dies tritt das Zivilisationsgesicht für den Umgang mit Muslimen hervor und dies verbessert die Märkte der Texte für die Nicht-Muslime von Zivilisationsforscher und die alten Historiker und der Modernen. Adam Metz sagte: "Möglicherweise ist die Anwesenheit der Christen zwischen Moslems der Grund für das hervorkommen der Toleranzgrundsätze, welche eigentlich die modernen Reformer aufgerufen haben." Und es war ein Ziel, dass sie in Freundlichkeit zusammenleben können. Vor allem war eine Sorte von Toleranz, welche schon im Mittelalter in Europa bekannt war und durch diese Toleranz entsteht ein Religionsvergleichswissen. Nämlich die Religionsgemeinschaft und religiöse Gruppe. Ihre verschiedenen Art und Weisen nahmen sie mit Begeisterung in ihrem Wissen auf. Es könnte sein, dass viele Forscher der islamischen Zivilisation, die Toleranz als Merkmal des Umgangs mit nicht-Muslimen in der islamischen Gesellschaft sahen. Aufsteigend in die religiöse Freiheit und einen Posten habend und die Ausübung in wissenschaftlichen, wirtschaftlichen und sozialen Aktivitäten. Besonders nützlich für die nicht-Muslime in der islamischen Gesellschaft der religiösen Freiheit wurde von historischen genannt, dass der Jathlik, welcher Präsident der nisatorischen Kirche war, ein Zentrum mit dem Niveau der Verwaltung hatte. Er war von der Seite der Kirche gewählt, dann wurde der Nachfolger für die Wahl bestätigt und es wird für ihn eine Vereinbarung geschrieben, wie die größten Ämter sie schrieben. Liefi Provenzahl sagte: "Es wird klar, dass die Betreuer der Christen mitten in der Zivilisationsverwaltung in Gruppen geteilt waren. Die zentrale Regierung gibt sich Mühe für jede Gruppe einen Präsidenten von seinen Mitgliedern auszuwählen. Einer von ihnen hieß Koms, sowie er sich manchmal Mühe gab, einen Anwalt zur Beteiligung zu beantragen." Um zur islamischen Toleranz zu gelangen, dass der Nachfolger Mamoun ein Buch für die Angehörigen der nicht-Muslime, in dem er für sie die Glaubensfreiheit und für ihre Kirchen die Verwaltungsfreiheit niederschrieb, sodass für jede Gruppe, egal welchen Glauben sie haben, auch wenn es nur zehn Personen sind, dass sie sich auf ihre Art und Weise jemanden auswählen können und dieser auch anerkannt wird. Doch die Kirchenpräsidenten regten sich auf und begannen einen Streit. Mamoun hatte das Recht, das Buch raus zubringen. Es kann sein, dass die Nützlichkeit der christlichen Nubier, das islamische politische System durchdrang und waren

44

in dem islamischen Land. Ein König lebte außerhalb, dies war für den Repräsentant und die Ämter der Grund, dass sie in den islamischen Ländern die Steuern für ihn sammelten und möglicherweise passierte es, dass eine Person der Nubier zu den Muslimen konvertierte. Es war der Sohn des Königs der Nubier, beim Besuch in Bagdad. Ein Nubier war zu Besuch in Bagdad und wurde dort im Nachfolgezentrum festgenommen. Von den Bildern mit dem Umgang mit nicht-Muslimen, wurde nicht von anderen der religiöse Brauch ausgeübt. Die Muslime lehnten die Bräuche und Ausübung der Religion und Feste nicht ab. Sie können noch immer Schaanin, l'Kamiss Makdis und das Foss Fest feiern und alle anderen religiösen Bräuche. Die Christen kamen immer wieder heraus und haben Oliven-, Palmenzweige und das Kreuz getragen. Es kann sein, dass die Kirchen und Synagogen, als Gericht für die nicht-Muslime angesehen wurden.

Das Gericht übernahmen jüdische Wissenschaftler und Priester. Sie brachten die Gesetze heraus und machten das was die größten Richter taten, im Verhältnis zu den Muslimen.

Provenzahl sagte: "Für die Arabisierten - nicht-Muslime- gab es einen speziellen Richter, einen christlichen oder nicht arabischen Richter. Möglicherweise zeigte die arabische Toleranz mit nicht-Muslimen, die christliche Gruppentoleranz mit den Anderen in allen Orten." Adam Miz sagte: "Die Kirche der Stadt im östlichen Römerland ging mit Antichristen, welche mit ihren Leuten von der Idee nicht einverstanden waren. Sie gingen weit weg, von dem was der Islam zu ihnen zum Verhältnis für die Angehörigen mitgab. Als der Kaiser Nakfor, die Schaamländer zurückholte, im 4. Hidschra (muslimische Zeitrechnung) 10 Jh. nach Christus, versprach er den Schaamangehörigen ihre Sicherheit und auch den Schutz vor Belästigung der stattlichen Kirche. Trotz dieser Sicherheit verkürzte er die Mühe in der Jakobsbelästigung, weshalb diese aus Antakia raus gezwungen wurden, deshalb beschrieben die Jakobshistoriker die Patriarchie, welche eigentlich der Staat in Antakia entschieden hatte, sodass sie schwerer vom Glauben sind, als der Pharao."

Von Seiten der Ausübungen von nicht-Muslimen in den Zivilrechten zeigt sich, dass die meiste Übernahme an Bedarf und auch gute Posten auf dem Niveau des Staates liegen. Im Rahmen der beruflichen
Institution, sagte Adam Miz: "Der juristische Islamist
hat keine Tür seiner Arbeit für Angehörige der nicht-Muslime geschlossen. Die Türen standen für alle

offen. Und es waren ihre Füße bereits mit der guten Tat verwurzelt, welche viel Gewinn für sie gebracht hat. Sie waren Geldwechsler, Händler, Inhaber von Landgut und Ärzte. Doch die Angehörigen organisierten für sich, sodass die meisten Geldwechsler und die größten im Schaam (syrisch) Beispiel Juden, zu dem Zeitpunkt war die Mehrheit Ärzte und christliche Buchhändler. Der christliche (Kopf) war in Bagdad und Arzt des Kalifen, auch die größten jüdischen Köpfe waren bei ihm." (Wall dewant) sagte: "Die Angehörigen der Christen (Zaradschtyoune), Juden und Zabioune (Sternenbeter) genießen ihr Leben in der umayyadischen Zeit der Kalifen. In einem Grad von Toleranz, welchen wir eigentlich zur Zeit in den christlichen Ländern erleben unvergleichbar. Sie waren frei in ihren Religionsgebräuchen und bewahren ihre Kirchen und Tempel......" und er sagte noch über den jüdischen Positivismus: "Sie genießen die komplette Freiheit in ihrem Leben und ihrer Religion im Bait Makdis und sie sind sehr reich geworden im islamischen Schatten. In Asien, Ägypten und Spanien, sodass sie eigentlich nicht unter christlichen Reich geworden sind."

Die Christen waren im westlichen Asien und außerhalb des arabischen Golfes sehr gewandt und übten ihren religiösen Brauch und ihre komplette

47

Freiheit aus. Die Meisten sind Angehörige des christlichen Schaam bis zum islamischen 3. Jahrhundert.

Die Historiker berichteten uns, dass sie im islamischen Land in der Zeit von Mamoun 11.000 Kirchen bereits gebaut hatten, sowie in der Zeit viel Struktur und Feuertempel gebaut waren. Möglicherweise beschrieb ein alter christlicher Historiker, namens Gregorius bekannt als Sohn des Hebräischen im Jahre 1186, den sozialen Positivismus den Christen im islamischen Land genoßen und erwähnte hierfür verschiedene Muster.

10. Der Kalif Aba Jaafar al Mansour brauchte einen cleveren Arzt, diesen nannte ihm Gyouris bnou Bikhtischouo, welchen er einlud. Es war Gendisabour, welcher sich mit Mansour anfreundete und ihn geheilt hat. Als der Arzt krank war, befahl Mansour, dass dieser in ein öffentliches Haus gebracht wird und

Mansour laufend zu ihm ging, damit er seinen Gesundheitszustand einsehen konnte, dann sagte er ihm: "Trete dem Islam bei und ich bestätige dir das Paradies."

Gyouris sagte: "Ich bin einverstanden, dass meine Eltern im Paradies oder der Hölle sein werden." Mansour lachte über seine Antwort.

11. Es wurde erwähnt, dass Ibnou Abri Salmaouih ein Wissenschaftler im medizinischen Bereich war,

als er krank wurde besuchte ihn Moatasim und weinte bei ihm. Als er verstarb, hatte Moatasim an dem Tag nichts gegessen. Er befahl seine Beerdigung in seinem Haus und würde für ihn mit Kerzen beten, auf die christliche Art. Er machte dies und sah ihn.

12. Und einige sammelten im Palast von Haroun Rachid viele Ärzte, welche nicht-Muslime waren auf Gyouris bnou Bikhtischouo, Johann bnou Masaouih christlicher und altsyrischer. Sie vereinbarten alte, medizinische Bücher zu übersetzen. Sie ernannten eine Wissenskammer, in der mehrere 100 Studenten anwesend waren.

Das zukünftige Kontaktprojekt mit nicht-Muslimen

Die entgegengesetzte Vielfalt, für die religiösen Moslems zwischen Juden oder Christen und welche die Anführung in manchen Gesetzen stellen, welche unser Prophet erwähnte, als Einführung der Gesetze allen Angehörigen der Bücher. Auch die nicht-religiösen konnten eine Einführung bekommen. Und der Moslem wird dazu aufgerufen, mit allen einen Kanal zum kommunizieren zu eröffnen, anstatt durch religiöse und kulturelle Stellen zu kommunizieren. Moslems führten Gespräche für die anderen Religion, denen man folgen kann. Er muss diese Aufgabe durch Wahrheiten unterstützen. Diese Wahrheiten helfen ihm die Gedanken über den Islam zu korrigieren. In Betrachtung eines Bildes fallen viele von den Anderen, einem Trugbild über den Islam zum Opfer. Er versuchte für diese eine psychische Sperre aufzustellen, wo sie für immer dem Islam fern bleiben würden und dauernd Angst vor dem Islam hätten und Feindschaft entstehen lässt. Diese geht zu der Priorität des Bildes zum Angriff zurück, welchen Botross Moukram übernahm, welcher mit Absicht ein falsches Bild vom Islam zeigte, dafür gab er sich große Mühe in seinen Phasen und Schritten. Er verfälschte die übersetzten Bücher und sorgte für eine mangelhafte Koranbedeutung und eine andere Folge war die Zusammensetzung des Bildes auf eine schlechte Art und Weise, bis seine Spur eine dicke Sperre zwischen dem Islam und anderen Religionen bildete.

Es könnte sein, dass die Mühe der Verfälschung schnell von statten ging. Eduard Said nannte, dass die im Westen diese Verfälschungen im Jahre 1800 bis 1991 an 60.000 Büchern durchführten, welche die orientalischen Gebiete schlechtredeten.

Und von diesem enthalten einzelner Begriffe, im orientalischen Gebiet, betrifft den Islam. Diese Gegebenheiten helfen nicht, sich an den Islam zu erinnern, außer im Maße, dass man die dichte, kulturelle und abgelehnte Sperre, von den Anderen sieht, ohne den Islam verstehen zu können.

Sie treibt auch im Maße der Arbeit zum auseinander des Bildes, um die Wahrheit zu umarmen wie sie ist, dann sind die Westen immer noch berauscht mit seinem Gefühl des Daseins und der zentralen Stelle, welche eigentlich gegründet wurde durch philosophisches Lesen von Aristoteles, Hegel und Renan und jeder auf dem Weg bestätigt sich auf der westlichen Besonderheit, welche eine Höhe im Nazibild erreichen. Und möglicherweise kam zusätzlich zu dem damaligen schlechten Bild des Islams und der Moslems, das jetzige Bild von einer terroristischen Religion. Sie sagen Moslems sind in der Bildung und dem kulturellem Terroristen. Außerdem kann es sein, dass diesen entgeht, dass der momentane Terror nicht von den Muslimen ausgeht, sondern ein historische Abwegigkeit ist, welche keine Heimat und Religion hat. Möglicherweise hat der Westen diese ausgeübt (Totengruppen), welche plante Präsidenten zu ermorden und gewaltvolle Ereignisse, welche mancher separatistische Gruppen durchführten, Verbrecherorganisationen, rassistische Gruppen und die neuen Nazis, welche Häuser der Ausländer verbrennen, um diese zu beobachten und seiner Identität zu berauben. Die Ausführung mancher Soldaten, welche schlechte Taten vollführen. Dies ist in der Gesellschaft gewohnt, sie sieht die Heftigkeit zum Beispiel auch in einem Fußballstadion und ändert sich in einem ständigen Zusammenstoß und Angriff auf die Menschen und ihr Vermögen. Zu diesem Punkt wollen wir mit verschiedenen Religionen kommunizieren, dies ist ein Muss, damit wir diese Überschreitung, aller psychischen und gedanklichen Hindernisse verhindern können, welche öffentlich über den Islam und seine Wahrheit verbreitet wurde, damit wir diesen verstehen abgelehnt. Auf diesem Wege haben wir Wahrheiten, um dies zu erreichen.

- Die Moslems sind vom Koran abhängig, welcher

den Respekt von den ersten Propheten verheimlicht und ihre Leiden ertragen haben, auf dem Weg den Menschen, was gutes zu tun und zu zeigen, das Gott da ist. Und sie glauben an die Sündlosigkeit und sie antworten auf jede Nachricht, welche jede Mangelhaftigkeit aufführt.

- In dem Koran steht eine Sura, welche Sura Mariam (Maria) heißt: Lobend mit ihrer Reinheit leben. Der Koran hat keine Sura mit dem Namen Khadija oder Aiisha, welche Frauen unseres Propheten waren oder ihrer Tochter Fatima, sodass es im Koran eine andere Sura mit der Familie von Mariam, die Sura heißt Sura Al-Imran (Die Sippe Imrans): Lobender seiner Vortrefflichkeit.

- Der Koran erlaubt dem Moslem, dass er Angehörige des Christentums oder Judentums heiraten darf, sodass es zu der Verknüpfung von Kontakten kommt. Sie haben dann auch Kontakt zu Opas, Omas, Onkeln, Tanten.

- Die Muslime sind möglicherweise in einem gegenseitigen Mitgefühl mit christlichen und jüdischen Sachen und leiden für ihre militärischen Verbrechen und sind traurig wegen der Niederlage der christlichen Römer, gegen die Persen und Allah kündigt den Moslems an mit dem römischen Sieg nach ein paar Jahren und sagte in der Sura Rum (Die Römer) Vers 2-4: "Die Römer sind besiegt worden im nächstliegenden Land. Aber sie werden nach ihrer Niederlage (selbst) siegen, in einigen Jahren. Allah gehört der Befehl vorher und nachher. An jenem Tag werden die Gläubigen froh sein." Der Islam bemüht sich mit seiner Mission, außer wenn er die Gelegenheit mit Kontakten hat, welche von anderen Religionen waren. Als sie mit der Verfolgung und dem anbieten von Menschen, auf jeden Fall strebt sich der Islam nicht nach der Ausrottung des unterschiedlichen im Glauben und religiösen. Der Islam erkennt sich selbst in den Kommunikationen, diese startet von der religiösen Kommunikationspflicht und er rollt seine predigt nicht mit der Überreichung der Geldverlockung oder mit Geldvereinbarungen anderer Gesellschaften ein. Weil die Konzentration auf dem stand der Armut und Unwissenheit schon aufgerufen worden ist, lässt sie keine große Gelegenheit für die Kommunikation und Disputationen. Da die Wirtschaft in diesem Fall positivistisch wird, wird sie die größte, abgrenzende Entscheidung sein. Und die Freiheit wird nicht vorhanden sein und es kann auch sein, dass die Muslime sich von dem Aufruf des Propheten Mohammed bewusst wurden, da er diejenigen aufrief, die ihrem Verstand vertrauten. Für den Moslem bedeutet das, dass der Islam vorzeigt, was dem Islam bestätigt, dass die Offenbarung allmählich quer durch verschiedene Zeiten reist. Sie ging durch jede Phase und gab was passend für die

Wahrnehmung war und was für die Gesellschaft von Moral gebraucht wird. Dann kam der Islam, welcher eine letzte Formung des Einklangs mit gedanklichem Positivismus, welchen der Mensch nach jeder Phase erreicht hat. Und durch historische Anlässe, war der Islam eine Religion Allahs, welche durch ihn inspiriert wurde. Und die Propheten waren wie Brüder und Söhne für verschiedene Familien. Ihre Religion war nur eine. So wie unser Prophet es über sie sagte. Es kann sein, dass der Islam in jeder Zeit, sowie was Dr. Abdullah Daraz in seiner guten Forschung, welche er in einer Weltkonferenz für die Religionen (Blahour) im Jahre 1957 preisgab, gleichbedeutend wie drei Ärzte, besuchte er ein Kind in der ersten Phase und bestätigte ihm eine Nahrung auf Milch, er untersuchte auch das zweite Kind in der nächsten Phase und bestätigte ihm seine stärkehaltige leichte Nahrung und nun untersuchte er ihn in der letzten Phase und erlaubte ihm die komplette Nahrung. Und der Islam entfremdete sich nicht in seiner letzten Formung für den Inspirationsverlauf. Die Wahrnehmung des Islams von denen welche andere Religionen verfolgen, sind nicht so verschiedener, als verschiedene Beobachtungen von religiösen Reformpredigern im jüdischen und islamischen. Auf eine Art und Weise, welche Reformpropaganda registrieren, im christlichen wie protestantisch und kalfinisch. Und jeder versuchte die Religionsreform zu bestätigen, welche auch die Korananmerkungen auf Gegensätzlichkeit, was die Änderungen in anderen Religionen auffasst.

Die Zusammenarbeit der Teilnehmer im Thema der Religionsverfolgung

Bis die Moslems vom verrücken des schlechten Bildes, einen Abdruck in ihrem Geiste vorfinden, der die Religionsverfolgung am Islams darstellt. Es ist möglich, dass sie eine gemeinsame Projektarbeit gründen. Sie dient einer Zusammenarbeit der Teilnehmer und könnte verschiedene Punkte aufzeigen.

- Wissen für die Zusammenarbeit gegen Gottlosigkeit und die nicht-religiöse Welle und bestätigen das religiöse Interesse im Menschenleben und der Wichtigkeit der Anlehnung an Religionen für die Festlegung der Moral und die Stärkung seiner Existenz in der Gesellschaft. In dieser Richtung könnte er von überzeugendem Verständnis und Beweisen mit dem Glauben profitieren und ein nützlichen Austausch von sozialen und psychischen Themen haben. Es kann sein, dass die Moslems nicht wiederholen im nützlichen Forschen der verwendbaren Ergebnisse und die muslimischen Denker waren in einer modernen Zeit und haben natürliche Glaubensanlagen, mit welchen der Brexon das merkte, das alle menschlichen Gesellschaften auf einer Rolle des Gottesdienstes bestehen. Und manche waren möglicherweise frei, von vielen Institutionen. Und dies nutzt der natürlichen Anlage der Religion und seinen Seelenbedürfnissen. Möglicherweise beharren die modernen Muslimendenker auf das zitieren von Dekert´s Bericht, wo er sagte: "Der Gott ist Grundsatz des Wissens, sowie er sein Vorhandensein prinzipiert.", außerdem sagte er noch: "Die Existenz Gottes bietet mehr Gewissheit von Architektenbehauptungen und mathematischem Status."

Möglicherweise stützt ein muslimischer Denker namens Kant seine Aussage: "Ein praktischer Beweis für die Überzeugung mit der Nützlichkeit des Glaubens in der Religion." Sowie die muslimischen Denker Kants Sprache annahmen, sodass Allah seine Existenzeigenschaft zu seiner Existenzselbsteigenschaft macht, Und dies ist die Disputierung der psychischen Eigenschaft der Muslime. Und möglicherweise ist das Buch der modernen Muslimen öfter mit der Forschung von Alexis Carrel beschäftigt. Die Grundlage und Stütze besteht in der Deutlichkeit auf die Weisheit des Gottes von der Schöpfung des Menschen. Im gegenseitigen für all das, ist es ohne Zweifel, dass die anderen Religionswissenschaftler möglicherweise von muslimischen Wissenschaftlern, Denkern und Themen im Rahmen der Beweise der Existenz des Schöpfers profitierten. Und möglicherweise war es für die Muslime eine große Mühe viele Bücher zu dem Thema Monotheismus zu finden. Und dieses Thema weist in manchen Büchern 25 Beweise vor, welche nun vorliegen. Sie präsentieren diese vertieft. Neben dem, waren sie in einer Auseinandersetzung der Glaubensrichtungen und Dialogen, durch welche andere Religionswissenschaftler sie nutzen. - In dem Rahmen konnten sie mit anderen Religionen zusammenarbeiten. Ihre Beteiligung von bedrohlicher Moral mit dem Nihilismus und der Entfremdungswelle war wichtig und das Stehen in einer Reihe gegen alle Mangelhaftigkeit, welche die zukünftige Existenz des Menschen bedroht. Davon ist die Abtreibung, das Klonen und die Zerstörung des Familienkernstücks betroffen. Und die Abschaffung des menschlichen Menschen vom absurden weg, der Menschenhandel und Umwandlungen zu Ersatzteilen praktiziert und sie auf Märkten anbietet. - Und im Rahmen dessen können sie der Religion eine Bedeutung geben, den Stillstand der Religionsverfolgung zu haben. Im Gesicht der Tyrannei, der Willkür und dem Besetzen von Grundstücken mit Gewalt zu stoppen.

Interesse in der Kommunikation mit Menschen, welche keiner Religion beitreten

Als der muslimische Mensch sich zu einem wendet, welcher keiner Religion angehört, muss er vorzeigen, dass der Islam sich darin auszeichnet, dass alle Menschen verehrt sind. Allah sagte im Koran Sura al-Isra Vers 70: "Und Wir haben ja die Kinder Adams geehrt; Wir haben sie auf dem Festland und auf dem Meer getragen und sie von den guten Dingen versorgt, und Wir haben sie vor vielen von denen, die Wir erschaffen haben, eindeutig bevorzugt." Und alle Menschen, haben das Recht in dem Leben nicht zu entscheiden, nicht an den Schöpfer zu glauben. Und der Islam sieht nicht im Gegengesetzten, außer das ein Thema als Aufruf oder Mitteilung durch die Menge geht und sie können auch entscheiden, was sie mit allem Bewusstsein und der Verantwortung wollen. Ohne einen Widerwillen gegen den Nichtgläubigen. Allah sagte dazu in der Sura al-Baqara Vers 256: "Es gibt keinen Zwang im Glauben. (Der Weg der) Besonnenheit ist nunmehr klar unterschieden von (dem der) Verirrung. Wer also falsche Götter verleugnet, jedoch an Allah glaubt, der hält sich an der festesten Handhabe, bei der es kein Zerreißen gibt. Und Allah ist Allhörend und Allwissend."

Und die Ausführung der islamischen Angehörigen, ist eine Mitteilung, eine Ausführung, eine Gnade und Erbarmen. Und dafür belasten sie die Übernahme zu Allah, was von der Sorte Schaden erleiden übernommen wird und eine gute Zufügung erreicht, mit welcher wir zu Allahs aufgerufen werde. Es besteht das Mitgefühl zu unserem Propheten, welcher verzeihend vor seinen Leuten, welche vor Unwissenheit und ihrem Überfall auf ihn und sagte: "Mein Gott verzeihe meinen Leuten, welche nicht die Wissenskenntnis haben." Der gewünschte dirigiert die Rede zur entgegengesetzten Richtung von den Angehörigen des Buches und nicht Angehörigen, sodass er sich bemüht ihnen ein gutes Bild des Islams zu zeigen und sie von ihren ängstlichen Illusionen zu befreien, denn der ängstliche Komplex gegenüber dem Islams ist nichts anderes als ein falsches Illusionsgefühl. Wegen der Verbreitung und ihrer Verwurzelung in dem Menschenleben, beschäftigen sie sich mit den Fehlern, die bei dem Menschen angekommen sind bezogen auf den Islam. In dem Dunklen und in den Ausnahmeständen, sind diese Fehler herausgekommen, sowie die Religionsverfolgung. Ohne dass sich die Schuldigsprechung mit ihr den Religionen mit sich verurteilt. In dem kurzen, alten und gewaltigen Bild des muslimischen Lebens, ist nicht erlaubt, dass sie ein ausdrucksvolles seines dirigierten Islams wird, sowie es nicht erlaubt ist Objektivität auszuüben, dass sie nicht länger die Abschaffung und seine Vergangenheit islamisch, historisch in Toleranz mit seinen entgegengesetzten zu stellen. Er bestätigt die Toleranz des Islams mit den Anderen. Und es erreichen nicht Muslime im islamischen Staat und der islamischen Gesellschaft ein gewaltiges Stück von Beherrschung von sozialen Positionen. Die Moslems haben möglicherweise neue Eindrücke gegeben, von der Dirigierung des Menschen zu seiner Religion beteiligten, um sich von den europäischen Ländern und dem Nazismus und Faschismus zu befreien. Sie haben teilgenommen an der Siegerzeugung, welcher die Europäer als seine Feinde bestätigte, sowie sie teilgenommen haben in dem Aufschwung der wirtschaftlichen Renaissance und dem Aufbau in den europäischen Ländern. Wahrlich waren viele Sorten der Spannung zurück auf die politischen Gründer zu führen und für die Auswirkungen der Entstehung von Kolonieperioden. Und in dieser beginnen auch die Tyranneisorten, welche Kontakte vergiften. Sowie sie auch zurück zu den heranwachsenden kulturellen Gründen finden, von falschen Lehren und schwachen Verbindungen und Begegnungen. Und von der anderen Seiten war es wahrlich schwer für die Muslime, dass er noch erfasst, dass der

Westen nicht eine einzelne Norm ist und nicht die gleiche Gedankenwelt hat, sondern eine große Formation von verschiedenen Ideen und unterschiedlichen Richtungen hat. In dem Westen, fand man die Beurteilung eines falschen Bildes von dem Islam und propagierende für das Prinzip der Konfliktzivilisation, doch dies erlaubt nicht, dass sie die Wahrheit verschleiern, dass es im Westen andere Menschen und staatliche Organisation gibt, welche gute Positionen von dem Islam und den Muslimen hat. Und von den Männern und Frauen im Westen gibt es einige, welche den Islam, als gerecht, loben und diese haben ein falsches Bild über den Islam korrigiert.

Unser Problem, welches wir möglicherweise bestätigen, ist die Aufmerksamkeit zu den Leuten, die den Islam immer unterstützen und wir interessieren uns nur für die, welche unsere Zivilisation schlecht reden.Wir haben ihnen geholfen unser weiter zu verleumden. Der Forscher findet in der besten neuen und alten Literatur schöne Gespräche über den Islam, es kann sein das Goethe im westlichen geistig ein schönes Bild von dem Islam machte und ihm war eine lobende Erwähnung mit dem Islam in einem Grad, der eigentlich der Bekanntmachung einer Weimarer Gruppe, welche sagte das Goethe möglicherweise ein Moslem war, vertraulich mit der Ausdauer den Koran zu lesen und die einmalige Verrichtung des Freitagsgebets, im Jahre 1418 (der muslimischen Zeitrechnung) mit manchen russisch muslimischen Soldaten. Und in seinen bekanntesten Gesprächen sagte er: "Wenn der Islam einen Sinn hat, dann dass wir unsere Unversehrtheit zu Allah auf dem Islam leben und sterben."

Und möglicherweise waren Victor Hugo, Tolastau, Bernacho und Andere begeistert von dem Islam. Die islamische Welt war hierdurch dem Westen sehr nahe.

Und viele Forscher beschäftigten sich mit Mühe damit, das falsche, verzehrte Bild des Islams im westlichen Geist zu brechen und es war für die Forscherin Sigrid Hunke eine dankenswerte Mühe, den Islam als wertvoll vorzuzeigen, nach ihren Erfahrungen durch ihr Studium und ihren zweijährigen Aufenthalt in Marrakesch. Sie bemüht sich Annemarie Schimmel wissenschaftliche Mühe in die Bekanntmachung für den Islam zu stecken. Und möglicherweise wurden diese zwei Schriftstellerinnen von vielen Belästigungen von extremen Gruppen bedroht, damit sie das Buch Annemarie Schimmel keinen Preis für ihr Buch im Jahre 1995 bekommt. Und Montegimmre schrieb über die islamische Güte von der westlichen Zivilisation und beteiligt sich mit Gewalt an dem islamischen Wert. Außerdem schrieb

Rulowski Vergleiche zwischen Islam und dem Christentum auf, als Richter. Und allgemein war für die islamische Kultur eine große Menge von Denkern und Freunden in den westlichen Häusern und es ist möglich, dass die Interesse bestand mit ihnen einen Weg zu einer neuen Stromerzeugung in den Ländern. Und wenn der Moslem die Anwesenheit der Menschen, der westlichen Angehörigkeit bemerkt, bemerkt man auch die Feindlichkeit und sie stehen gegen die muslimischen Sachen. Und wahrlich ist die Aufgabe, mit Aufmerksamkeit den Anderen entgegenzugehen und mit ihm diese verbringt. Sie ereifern sich die Begeisterung an muslimischen Gerechtigkeitssachen und sind gegen den verfeindeten Strom an dem Islam, in ihren Ländern. Und einer von den Denkern namens Noam Chomsky, welcher sich mit der Verteidigung der Araber in Verbindung sieht. Am Rande, was ihn mit seinem Liguistikstudium verbindet und was er von Jack Kelly einem Schriftsteller, welcher 300 abgelehnte Briefe bekam nachdem er seinen Beistand den Muslimen gab, welche mit Terror in Verbindung gebracht wurden. Und von Paul Findley und Robert Fisk und Gusline Ceasar welche schrieb: "Ist es möglich Angst vor dem Islam zu haben?" Und diese ganzen Forscher sind ein Teil vom Westen. Von der Nützlichkeit bestätigen sie

Kontakte mit ihnen und stützen den Wert der Zivilisation, dem wissenschaftlichen und seiner Arbeit, dafür das sie als Vorhut, den Westen wissentlich öffnen, für die islamische Welt.

Der Weg zum gemeinsamen Aufbau für das Zivilisationstoleranzprojekt

Das sehr verkleinerte und stynogarifsche Bild der Islamszivilationsrealität und was in ihrer Introversion von Anerkennung und Toleranz währt, mit anderer Anwesenheit, der Bestätigung mit seiner materialistischen und seiner moralischen und gesellschaftlichen zu schützen. Und in diesem sonderlichen Bild von vielen islamischen Texten und Sunat von unserem Propheten, praktizieren und assilazionieren die Freunde und Begleiter unsere Propheten und es werden auch Gespräche von islamischen Gelehrten aufgeschrieben und auch die Zivilisationsleistungen, spielen eine Rolle. Was mit der Überlieferung des Propheten steigt, in den Toleranzthema der Muslimen. Von der Disputation oder von seinem Ruf des zitierenden Niveaus mit praktizierender Ausübung, welche das historische bestätigte und welche das muslimische, kulturelle Leben leben und das sozialische praktizierende System im Umgang mit den Anderen. Er hinterlässt sozialistische und materialistische Beweise, welche noch bis jetzt erscheinend sind. Die Toleranz im Islam ist ein Merkmal, welche nicht seine vertieften Gedanken und sein Niveau wahrnehmen, außer wenn sie im Zusammenhang mit dem historischen stehen, welche schon beendet sind. Dies ist ein Zusammenhang, welcher früher nicht existierte, im Bereich der Toleranzgespräche. Er geriet nicht in Ausrufung mit anderen ihrer Rechte, im Genuss mit seiner religiösen Freiheit und mit seinen lebenden in einer Art und Weise, welche für sich die Richtung wählen. Von dieser Ecke ist es Pflicht, dass man die islamische Situation sieht, nicht nur das die Zivilisation glaubt was sie sieht, nicht bloß dass die Zivilisation glaubt was sie mit Toleranz lebt, sondern das man sieht, dass eine Zivilisation, die außergewöhnlich umgehend in einer Welt ist. Es war einer, welcher eine andere Kultur lebte, um Vereinbarkeit zu fühlen. Und Merkmale in der islamischen Zivilisation konnten nicht ihren Wert wissen, außer wenn er vor unterschiedlichen Stellen sitzt. Sein Leben widmete er anderen Kulturen, welche ihn überwältigten in manchem historischem Zeitraum, in manchen Regionen, welche die Muslime beherrschen. Er verrichtete in wunderbarem verharren und über die uneingeschränkte gesellschaftliche Übereinstimmung. Religiöse und rassische Ausrottung und Zivilisationsentfernung, ging von dem politischen aus, welches ablehnte zu erleben, an einen Glauben zu glauben. Er arbeite daran alle materialistischen und wissenschaftlichen Spuren a auszulöschen. Es beweist, dass sie die Kenntnisse und die Kunst, der islamischen Zivilisation erreicht haben. Und setzte diese muslimische Kultur vor schwere Entscheidungen, welche in Änderungen der Entscheidung in der Religion und Vertreibung aus der Heimat zu ende gehen. Es war eine blutige Zeit, welche noch Bilder und aufbewahrte Figuren in Museen stehen hat. Die Figuren standen an ihren allgemeinen Plätzen, oder Kriegsschauplätzen. Die Kulturrolle beweist kulturelle Natur, welche der Mensch glaubt. Möglicherweise verliert die Welt im Fanatismusgeist und Intoleranz großen menschlichen Reichtum. Viele seiner Grundlagen vom Bauwesen, Denkmäler, wissenschaftlichen und hochentwickelten Ausführungen, waren schon von Abriss und Vernichtung vieler Moscheen, Schulen, Buchhandlungen, Palästen und Gärten betroffen, welche die restliche Schicksal von Zahlen und Mehrheiten lehren, weil er in seiner Anwesenheit nicht dem Schicksal auferlegt ist. Unter der Zivilisation genießt er sein Wissen im Bereich Wissen, Kunst und Schönheit. Möglicherweise war die Spur der Vernichtung auf großer Besonderheit katastrophal auf wissenschaftliche Denkmäler von Büchern, medizinischen Produktionen und Astronomie. Und das unterschiedliche Gesicht der islamischen Zivilisation und das der Moslem immer in islamischen Texten und in islamischen Rechten fand, dass er verteidigt war und auch seine Ablehnung, wenn jemand einen Übergriff auf die Rechte der nicht Muslime betreibt. Während der nicht Moslem eine starke Hilfe für seinen Anschlag auf die Muslime fand im Institutionsposten, von der religiösen Institution. Doch in vielen der Gesetze der Institution waren Durchführungen mit Händen seiner Leute gesegnet. Zum Zeitpunkt erreichen sie kulturelle Gründe, welche eine Ebnung für das Zusammenleben und Arbeiten darstellt, wahrlich werden die Muslime zurück zu der islamischen Kultur, welche sie zu einem vorbildlichen Wesen führt, im Umgang mit den Anderen. Die nicht Muslime, werden von der Seite der Muslime zum Glauben eingeladen, damit sie in Toleranz zusammenleben können. Dies stellt nicht nur einen Teil her und es könnte für die Störung verantwortlich sein, mit ihr ohne Andere. Und das geht nicht, dass das Verständnis des Zusammenlebens verglichen mit der islamischen Persönlichkeit und der muslimischen Anwesenheit geht, doch der Andere muss wissen, dass er in einer Position steht und sich selbst korrigieren muss. Er muss jedes Verhalten ergreifen, welches in der mangelhaften Verursachung in allem steht. Und seine Pflicht gegenüber anderen ist, dass er weiß das die islamischen Gesellschaften immer noch leiden, durch die Spuren der Kolonisierungszeit, welche vertiefte Verletzungen im islamischen Gefühl hinterlässt.

Sie verursacht für viele eine mangelhafte Wirkung der sozialischen, politischen und kulturellen Sitten. Und diese Mangelhaftigkeit berührt kulturelle Identitäten für die Nation, sowie eine gedankliche und politische Zugehörigkeit für manche seiner Leute. Er erzeugt äußerlich und innerlich Fehler. Und für die nicht Muslime gibt es eine Regel, ihre Polarisationsprojekte zu berücksichtigen, mit dem muslimischen Glauben. Sie erreichen damit die Änderung zu einem anderen Glaube und dafür geben sie sich große Mühe und viel Geld und durchdringen sozialische Gewebe für die Nation. Sie konzentrieren sich auf alle schwachen Gebiete, wo auch die Armut und Unwissenheit existiert, damit sie von äußeren Menschen, sein Streben und seine Projekte ausführen können. Es wurde gesagt, dass die Moslems noch Aktivitäten in den nicht islamischen Ländern führen, wie zum Beispiel, dass erbauen von Moscheen und in diesen Vorträge halten, dies ist die Antwort auf diese Aktivität. Sie soll dafür sorgen, dass sie in der islamischen Gruppenidentität bleibt und sie vor dem Schmelzen schützt und das kulturelle Gesetz umgehen. Und Leute, welche auf diese Aktivität zugreifen, sind meistens nicht qualifiziert dafür

Andere mit dem Ändern des Glaubens zu überzeugen, denn sie haben nicht die nötigen Sprachkenntnisse, um gedankliche Verbindungen hervorzurufen. Außerdem fehlen noch die nötigen Kenntnisse zu anderen Religionen und ihren Glauben. Sie lassen diese nicht in Kommunikationsdialoge über die Religionen kommen. Wenn die nicht Muslime eine Moschee oder eine islamische Zentrale besuchen, ist der Antrieb, die Erkundung aus dem Trieb der Neugierde, oder Begehrung der seelischen Annahme, welche bei ihnen nicht in der nahen Umgebung zu finden sind. Und in allen Fällen, haben die Muslime keine Institution für die Verkündigung, sowie die Christen große Institutionen und gewaltig schwere Materialien und ungeheures Geld zu Verfügung haben, um die Anderen, welche sie sehen von den christlichen Rücktreten. Die bis jetzt verhindert haben, dass ein Zivilisationszusammenleben, oder eine richtige Zusammenarbeit zwischen den Religionen zustande kommt. Der Grund ist, dass der Westen keine intellektuelle Abenteurer, Journalisten und Künstler, von dem Spiel der Heiligkeiten von Religionen hat. Sie könnten sie nicht überzeugen, dass sie Respekt vor Kulturen haben und dies ein Teil von der Wahrheit der zivilisierten Freiheit und die Freiheit war niemals gefesselt, sodass sie zu bösen Taten gegenüber anderen führt. Und dieser Respekt ist eine Grundlage vorausgesetzt für das Zusammenleben von Einwohnern. Möglicherweise war es für den Westen an der Zeit, dass der kulturelle Respekt und die Religionen unter verbotenen Gruppenspalten, den westlichen Status zerbrechen, um ihn nicht mehr zu berühren. Er betrachtet, dass sie ein Teil von geistlichen Vereinen aufzeigen, da der Islam seinen Platz in der muslimischen Seele findet. Sie ist ein wichtiger Teil von geistigen Vereinen für große Nationen, ist hier das islamische Volk und die aufgeforderten sind die, welche es satt haben sich bewusst mit der islamischen Anwesenheit in ihren Häusern zu befinden und erreichen eine schwächere Zugehörigkeit der islamischen Religion. Dies ist ein großer Fehler. Und es hilft nicht, das Wesen zu ergreifen und das seelischen Zusammenleben mit Menschen zu festigen. Für die ablehnenden und abtrünnigen der islamischen Religionsanwesenheit, müssen sie sich sehr sicher sein, zu ihren Gunsten, dass sie durch den Islam verbunden mit ihrer Religion sind, weil die Religion mit den Verhältnissen zu Menschen allgemein ist und mit Verhältnissen zu islamischen Menschen besonders. Sie ist die wichtigste Quelle und Stütze für die Moral. Sie ist auch der wichtigste Antrieb für das festhalten und engagieren mit ihm.

Mit dem Zeichen, mit der Verbindlichkeit zu dem Islam unterscheidet, dass er eine umfassende menschlichen Anblick leistet, dass der Islam darauf achtet, dass die Verteidigung der Gläubigen von dem Glauben gegen nicht religiöse nötig ist und dies auf alle Religionen bezogen. Allah sagte in der Sura al-Hagg Vers 40: "(....)Und wenn Allah nicht die einen Menschen durch die Anderen abgewehrt hätte, so wären fürwahr Mönchsklausen, Kirchen, Bethäuser und Gebetsstätten zerstört worden, in denen Allahs Name häufig genannt wird.- (.....)" Und in Wahrheit ist dies bewusst erforderlich, für eine Allianz der Religionen und ihre Verteidigung vom Glauben und ihren Schutz für die abhängige Moral.

Es ist besser, hier das Gespräch von Fiktahr (1418 islamischer Zeitrechnung) zu erwähnen, welcher ein Mann aus dem Westen ist: "Der Glaube an Gott ist ein notwendiger Glaube." Sowie es auch besser ist, zu erinnern was Kant, als Nachweis mit dem Glauben sieht, dass eine gesellschaftliche Notwendigkeit zustande kommt in der sozialische Harmonie zustande kommt. Diese Notwendigkeit nannte er praktischer Beweis. Für die, welche mit der islamischen Anwesenheit fremd umgegangen sind, vom europäischen Schauplatz aus. Es ist Pflicht für diese den Islam in seiner Bewegung einzugrenzen, dass sie den Nachdruck machen. Sie machen mit ihnen einen Fehler in ihrem Bürgerrecht, wenn sie einen diskriminierenden Umgang mit ihnen an den Tag legen, auf Grund ihres Glauben und ihrer Religiosität. Die Bürger sind menschliche Geschöpfe von gesellschaftlichen Komponenten in Europa und sie fühlen sich Europa angehörig, welche es als ihre Heimat betrachten. Die teilnehmenden Partner, welche mit vielen Kulturen eine Formation der kulturellen Vielfalt haben, welche die europäische Gesellschaft kennzeichnet. Und wenn es ihnen gelingt, dass der Islam fremd in der europäischen Welt ankommt, dann ist auch das Christentum nicht europäischer Herkunft, sondern entsteht im Orient, dort wo auch der Islam entstand. Die, welche den Islam ablehnten, vergeuden jede religiöse Freiheit und alle Begriffe in den Stand der europäischen Führungsstelle und dort die Modernität und Globalisierung ausbreiten. Es könnte auch eines der wichtigsten Gründe sein, die Spannungen zwischen den Kulturen und Religionen zu vernichten. Für jede Kultur und Formung lässt er seinen sozialen Wert und seine Eischung von Moral und dass manche auf einzelne Behauptungen verzichten, mit mächtigem Produktions- und Absatzwert, den Tauschhandel und den Zwang gegenüber anderen. Weil der moralische Wert in jeder Kultur nicht trennt von der Weltallsicht und vom philosophischen allgemein, für einzelne und für die Kulturen. Und wird der Respekt für die kulturelle Besonderheit, welcher die Äußerung des Glaubens vorzeigt, mit umfassender Demokratie. Schließlich und letztendlich kommt für die nicht Muslime zustande, dass dies was jetzt passiert in der ganzen Welt geschieht und keine religiösen Motive hat, weil es eine direkte politische Spur ist, welche andere Völker durchführen und dies war von ihren anwachsenden Behauptungen.

Er wurde in Oujda / Marokko 1949 geboren und hat den staatlichen Doktortitel für die arabische Sprache und Literatur. Zur Zeit arbeitet er als Professor auf höchstem Level. Außerdem ist er in verschiedenen Kammern beschäftigt, wie z.b. der Akademie der höchsten Wissenschaften und in der wirtschaftlichen und sozialen Kammer, für das erreichen der Entwicklung.

.